C0-DXC-800

»Wie war zu Köln es doch vordem/Mit Heinzelmännchen so bequem!« Wie gern lassen sich Kinder diese Ballade von den wundersam tüchtigen Heinzelmännchen vorlesen. Und wie gern erinnert man sich als Erwachsener an diese Zeit!
August Kopisch (1799-1853), dem kritisch-humorvollen Dichter, dem Maler, dem Entdecker der Blauen Grotte in der Felsenküste der Insel Capri, verdanken wir die heute noch lebendige Vorstellung von den Heinzelmännchen zu Köln.
Von Rolf Köhler gezeichnet, kratzen und schaben, rennen und traben, schniegeln und bügeln, manschen und panschen, kochen und backen die kleinen Geister für große und kleine Leute.
Heinrich Pleticha hat für die vorliegende Ausgabe eine Nachbemerkung geschrieben.

insel taschenbuch 2025
August Kopisch
Die Heinzelmännchen
zu Köln

August Kopisch
Die Heinzelmännchen zu Köln
Mit farbigen Illustrationen von Rolf Köhler

Insel Verlag

insel taschenbuch 2025
Erste Auflage 1989
© Insel Verlag Frankfurt am Main 1989
Alle Rechte vorbehalten
Hinweise zu dieser Ausgabe in der Nachbemerkung von Heinrich Pleticha
Vertrieb durch den Suhrkamp Taschenbuch Verlag
Umschlag nach Entwürfen von Willy Fleckhaus
Satz: LibroSatz, Kriftel
Druck: Nomos Verlagsgesellschaft, Baden-Baden
Printed in Germany

5 6 7 8 9 – 00 99 98

Die Heinzelmännchen zu Köln

Wie war zu Köln es doch vordem
Mit Heinzelmännchen so bequem!
Denn, war man faul, … man legte sich
Hin auf die Bank und pflegte sich:
    Da kamen bei Nacht,
    Ehe man's gedacht,
  Die Männlein und schwärmten
  Und klappten und lärmten,
    Und rupften
    Und zupften,
  Und hüpften und trabten
  Und putzten und schabten…
Und eh ein Faulpelz noch erwacht,…
War all sein Tagewerk… bereits gemacht!

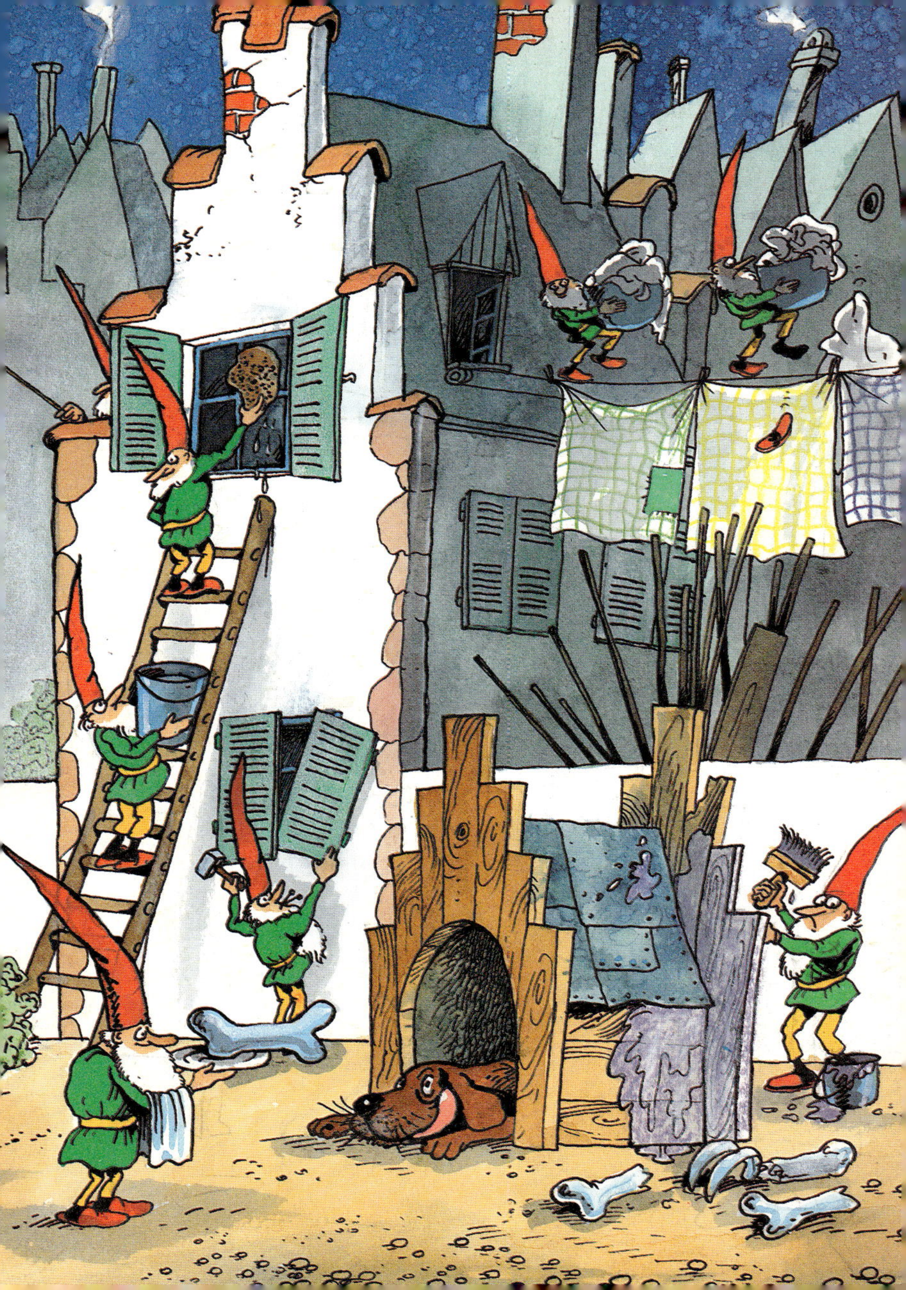

Die Zimmerleute streckten sich
Hin auf die Spän' und reckten sich.

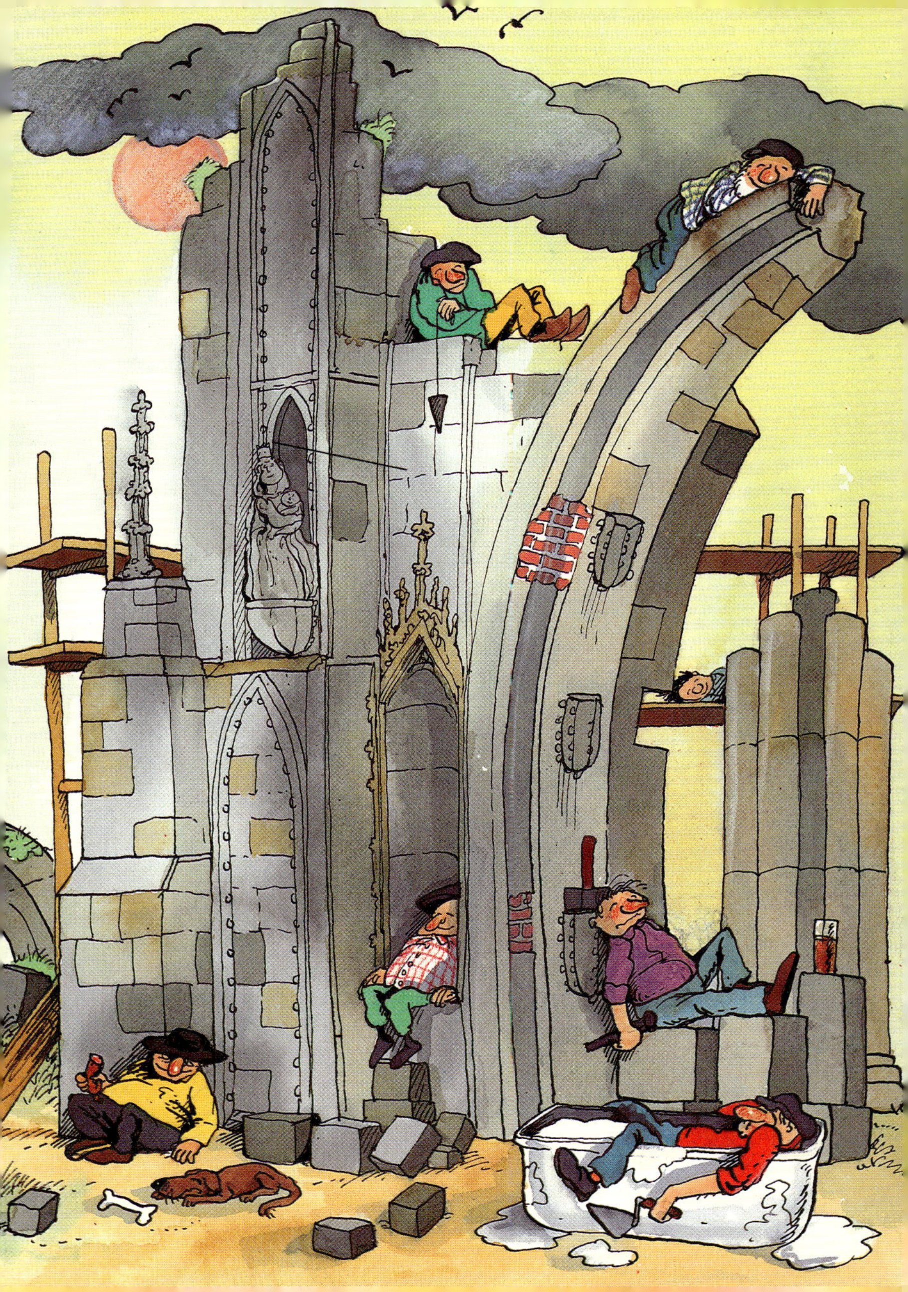

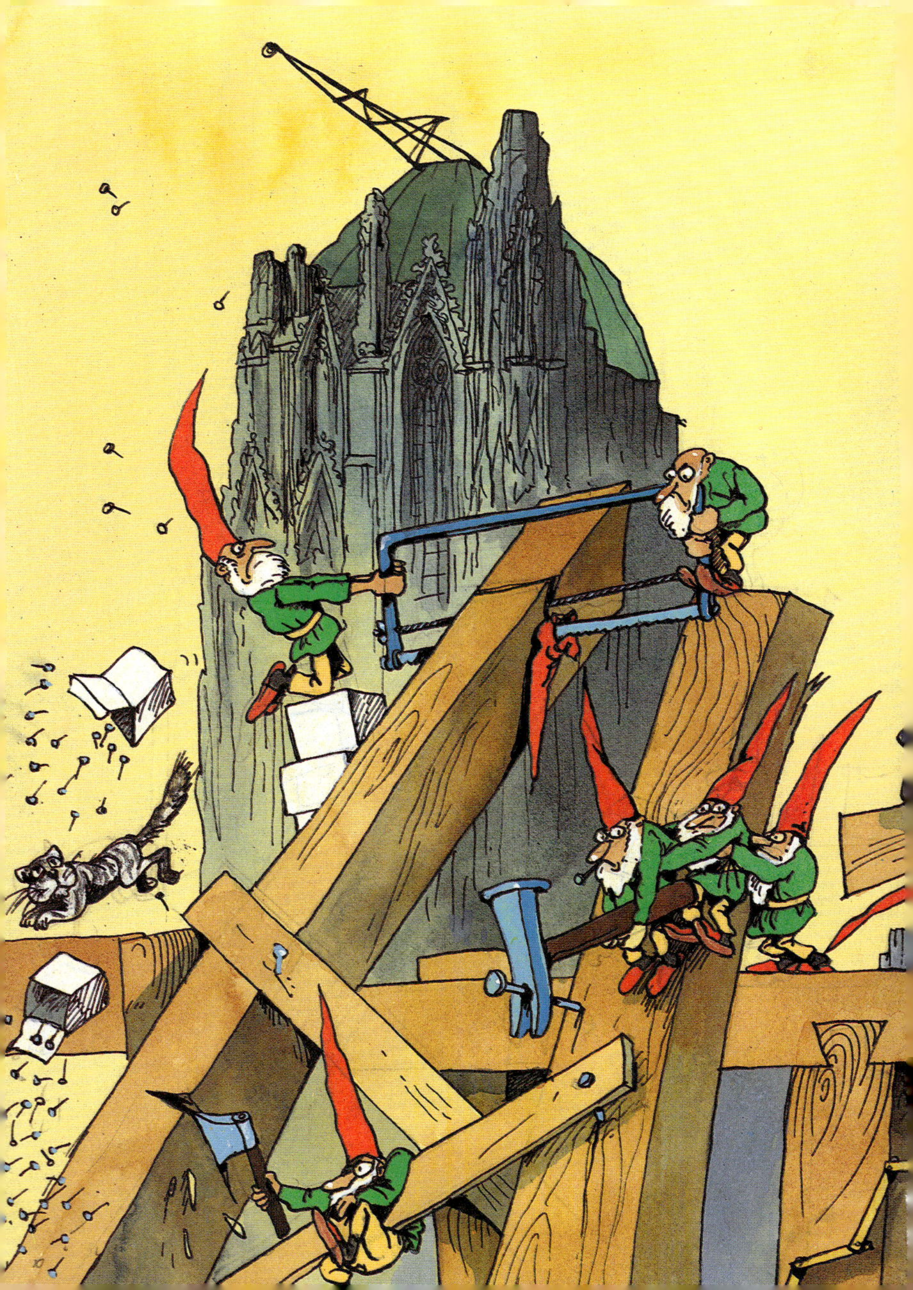

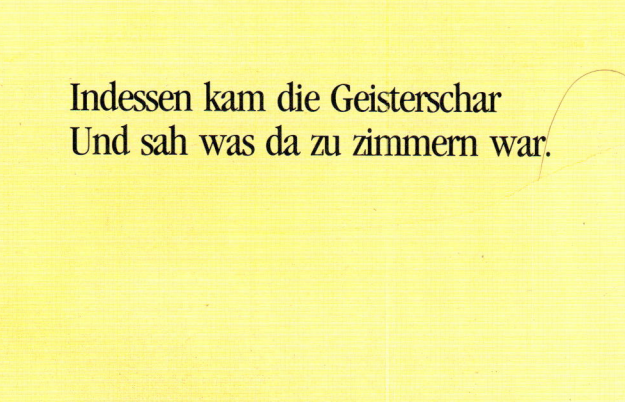

Indessen kam die Geisterschar
Und sah was da zu zimmern war.

Nahm Meißel und Beil
Und die Säg' in Eil;
Sie sägten und stachen
Und hieben und brachen,
Berappten
Und kappten,
Visierten wie Falken
Und setzten die Balken...
Eh sich's der Zimmermann versah...
Klapp, stand das ganze Haus...
schon fertig da!

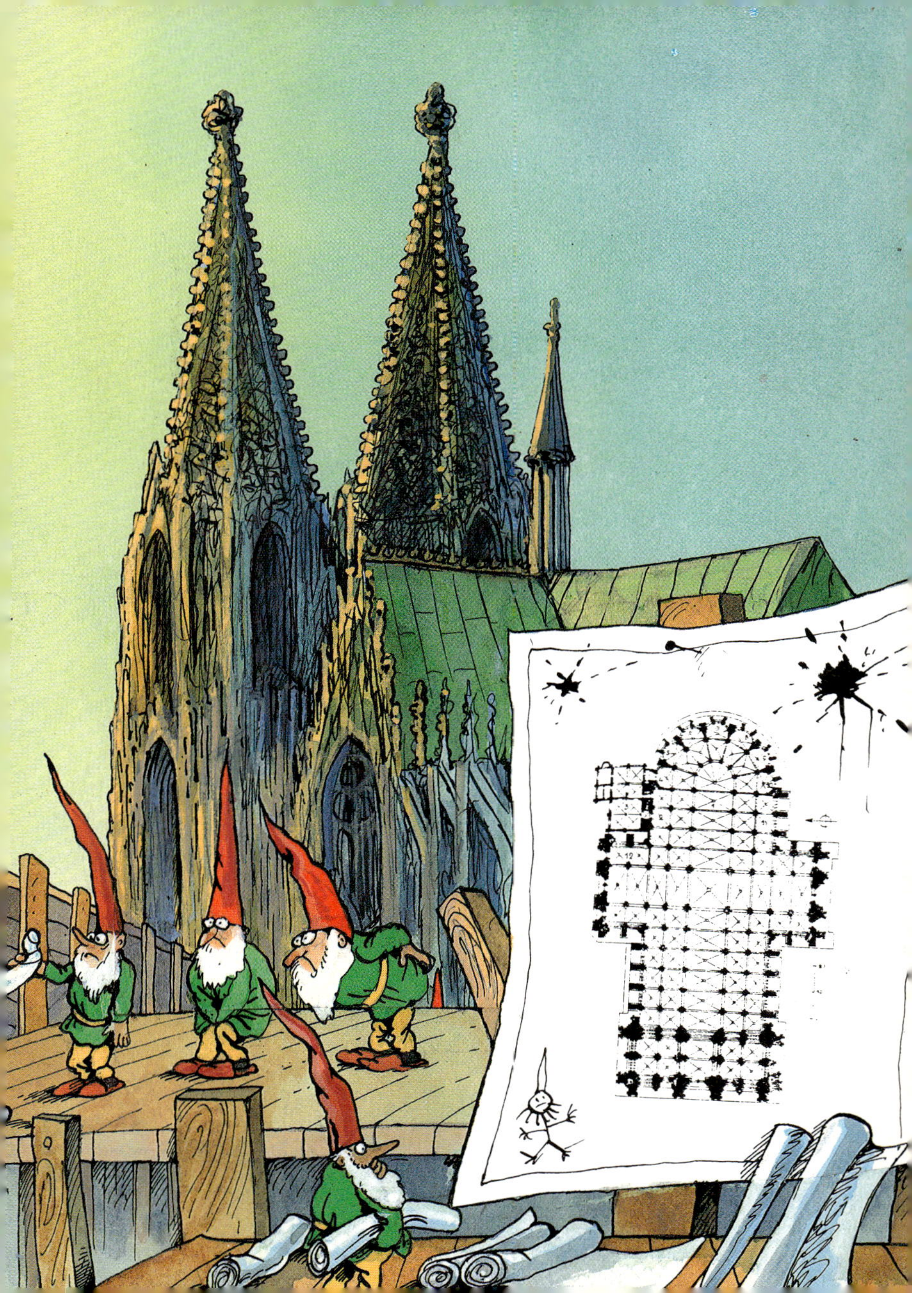

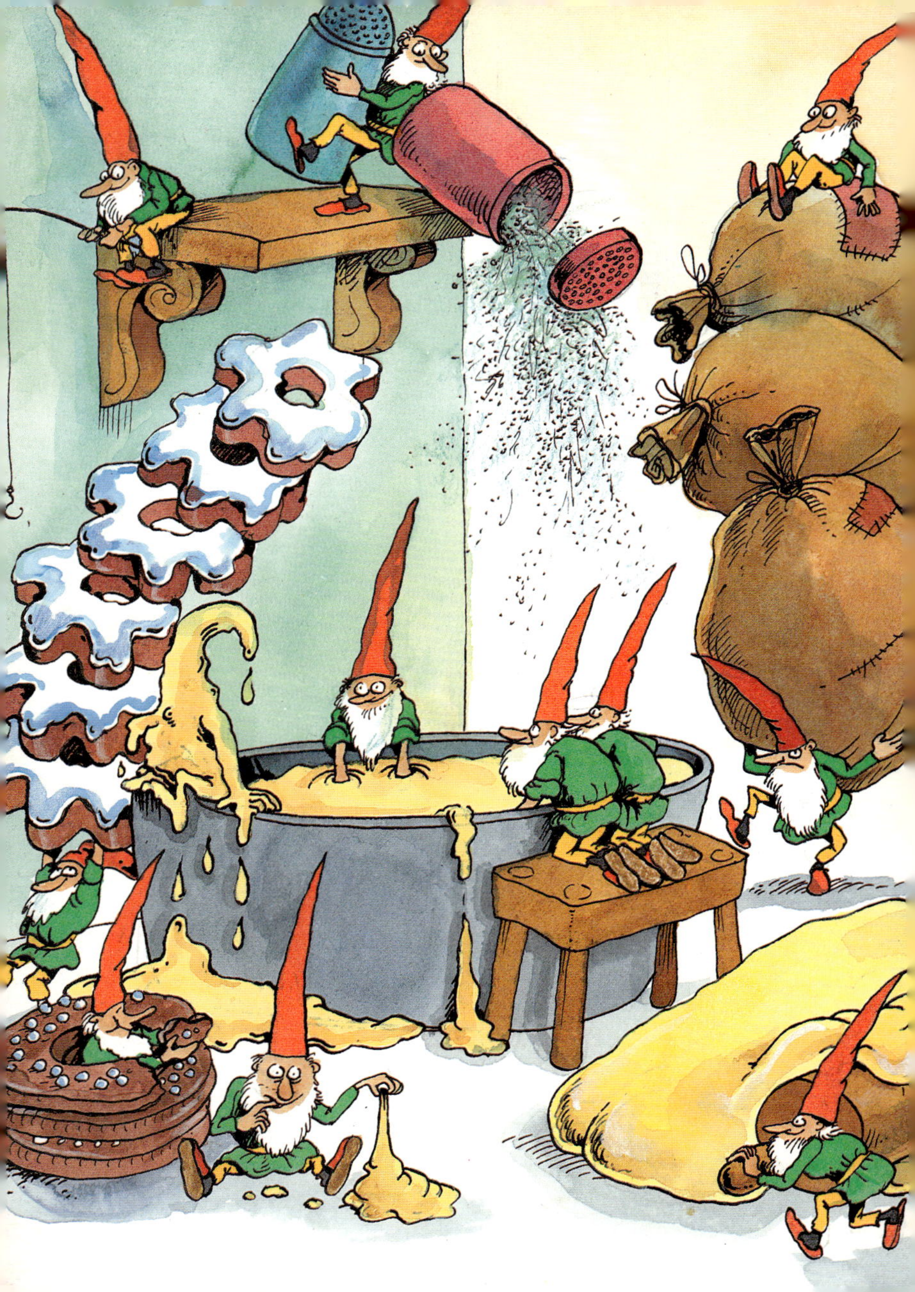

Beim Bäckermeister war nicht Not,
Die Heinzelmännchen backten Brot.
Die faulen Burschen legten sich,
Die Heinzelmännchen regten sich –
    Und ächzten daher
    Mit den Säcken schwer!
Und kneteten tüchtig
Und wogen es richtig,
    Und hoben
    Und schoben,
Und fegten und backten
Und klopften und hackten.

Die Burschen schnarchten noch im Chor:
Da rückte schon das Brot, ... das neue, vor!

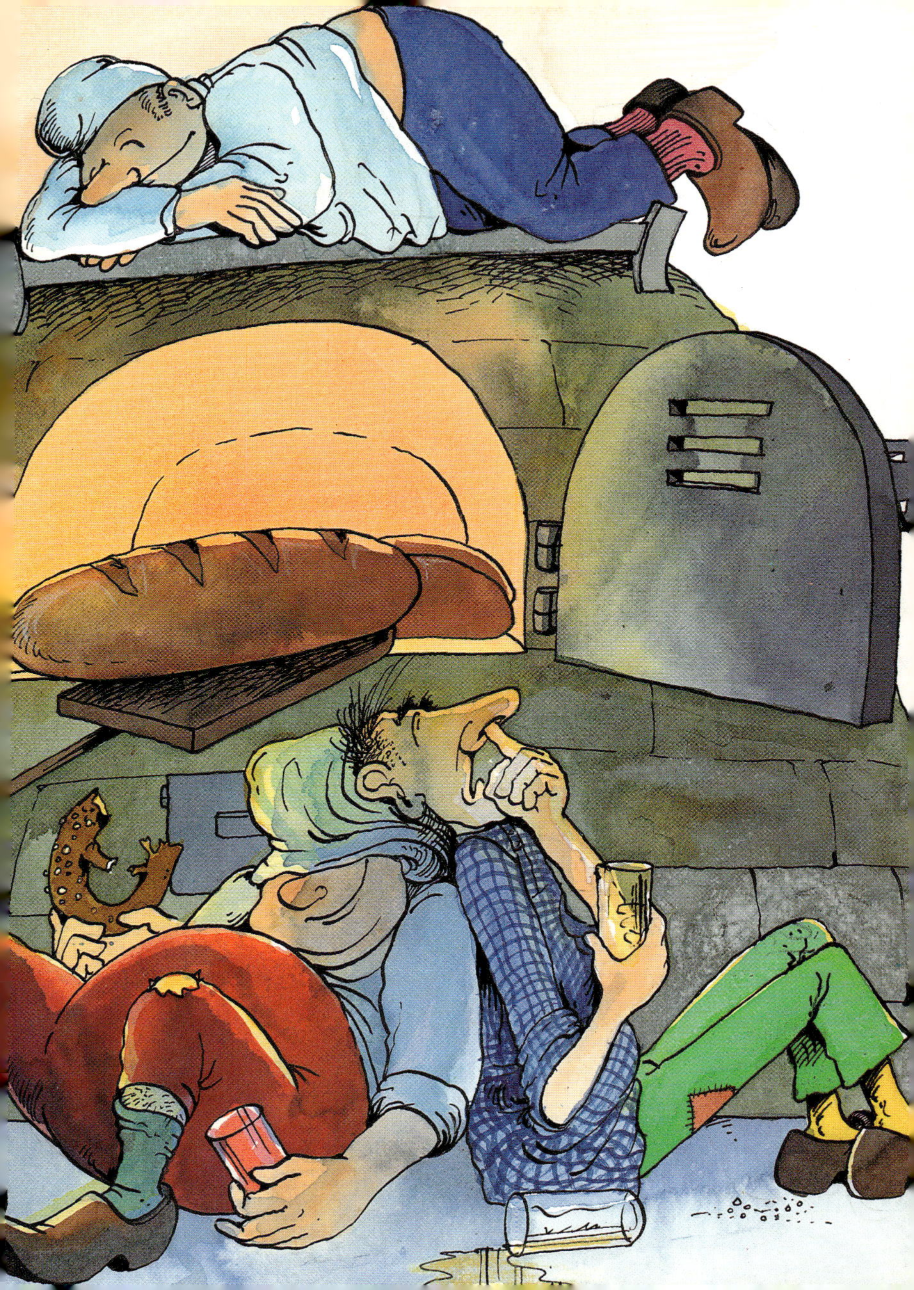

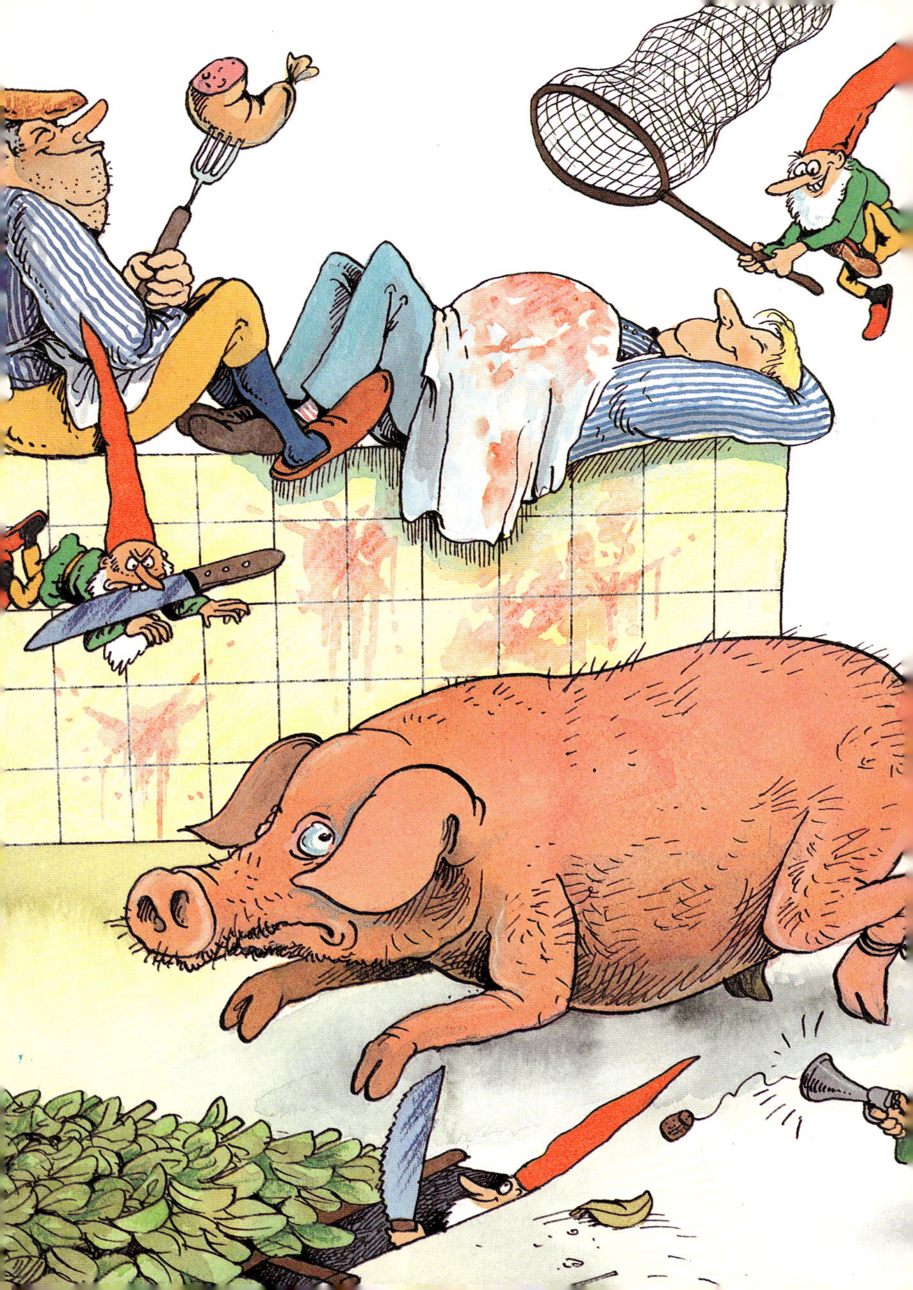

Beim Fleischer ging es just so zu:
Gesell und Bursche lag in Ruh.
Indessen kamen die Männlein her
Und hackten das Schwein die Kreuz
und Quer.

Das ging so geschwind
Wie die Mühl' im Wind!
Die klappten mit Beilen,
Die schnitzten an Speilen,
Die spülten,
Die wühlten,
Und mengten und mischten
Und stopften und wischten.
Tat der Gesell die Augen auf, …
Wapp! hing die Wurst da schon
　　　　　　　im Ausverkauf!

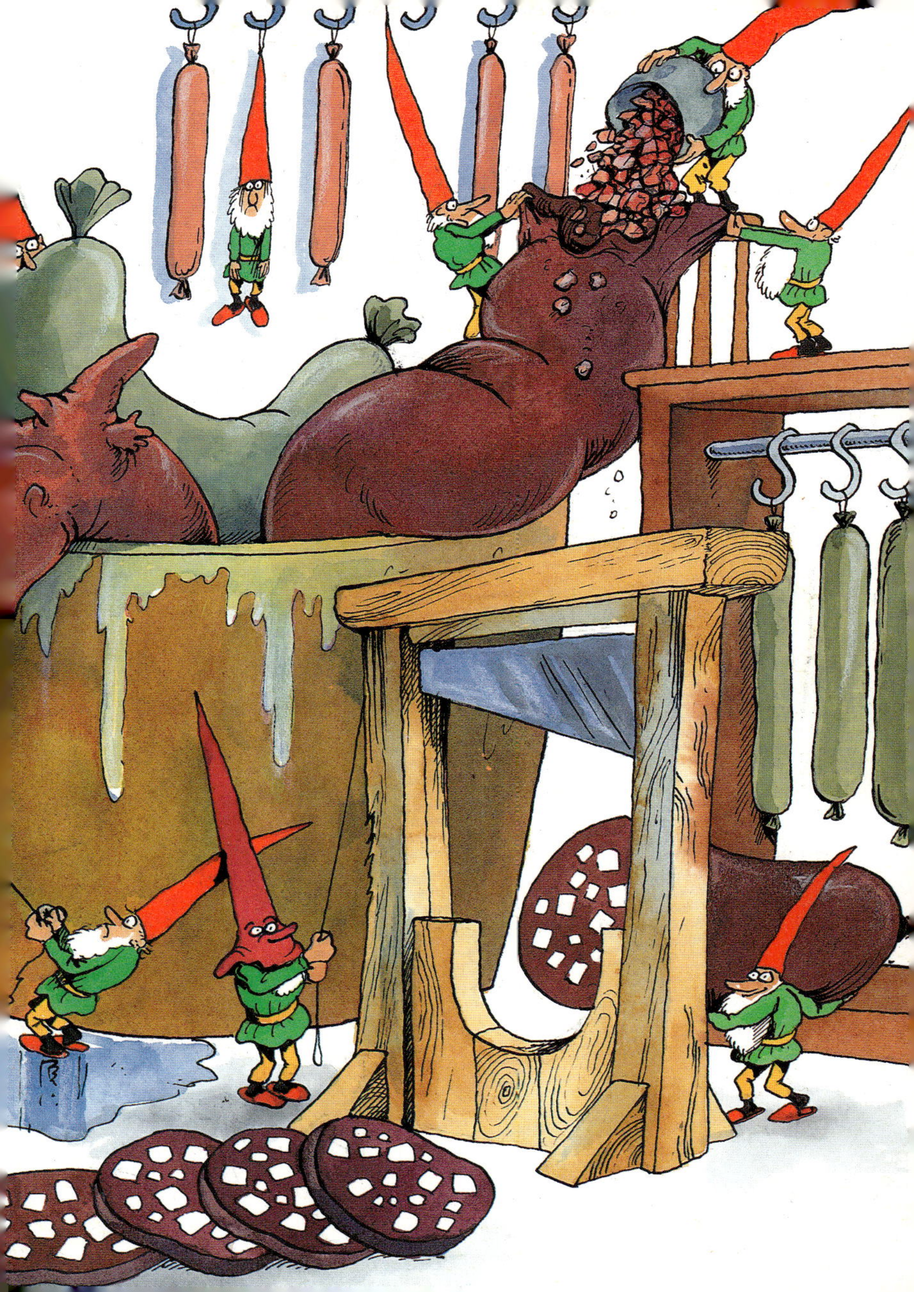

NUNC EST BIBENDUM

Beim Schenken war es so: es trank
Der Küfer bis er niedersank,
Am hohlen Fasse schlief er ein,
Die Männlein sorgten um den Wein,
Und schwefelten fein
Alle Fässer ein,

Und rollten und hoben
Mit Winden und Kloben,
Und schwenkten
Und senkten,
Und gossen und panschten
Und mengten und manschten.
Und eh der Küfer noch erwacht,
War schon der Wein geschönt und
fein gemacht!

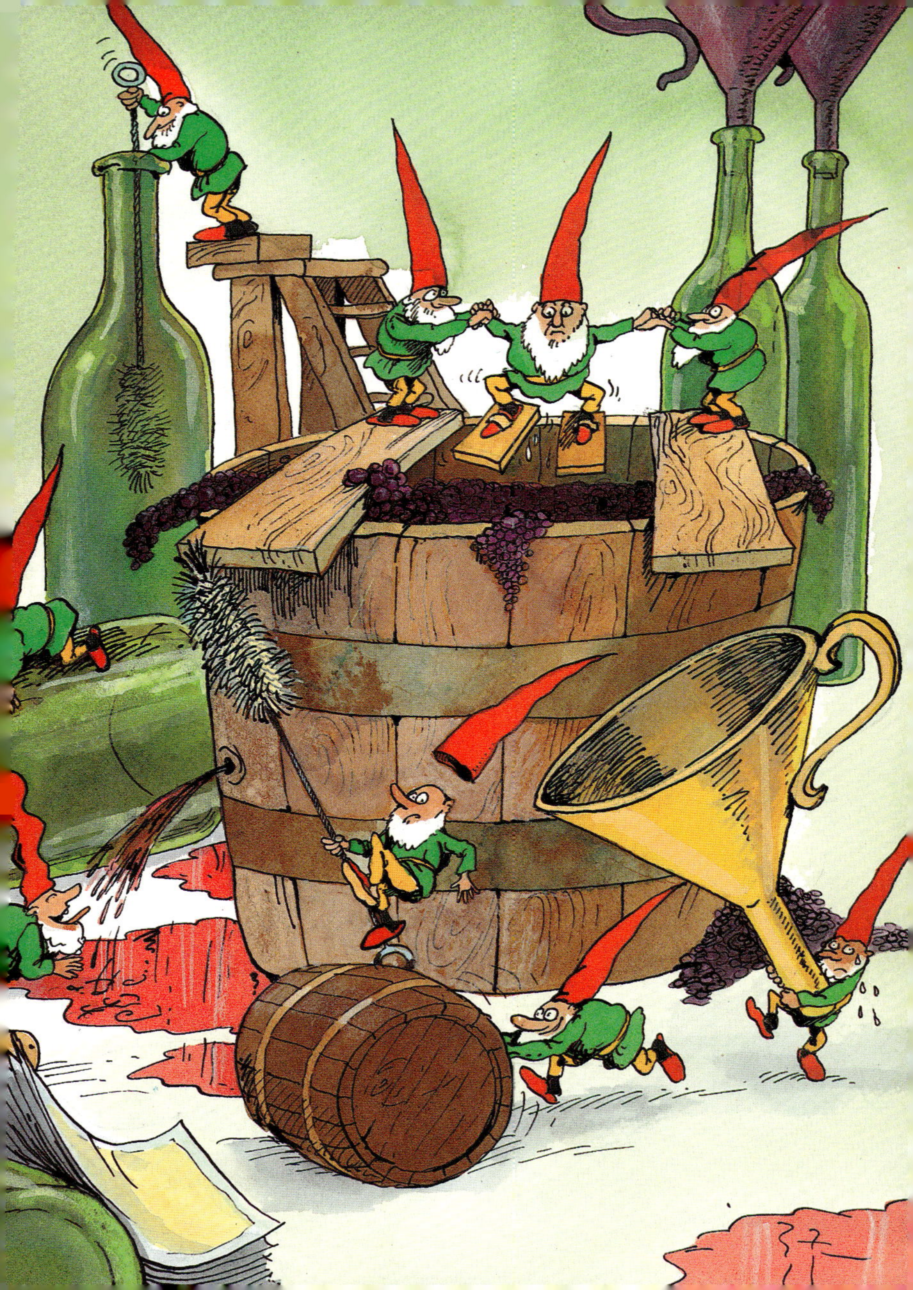

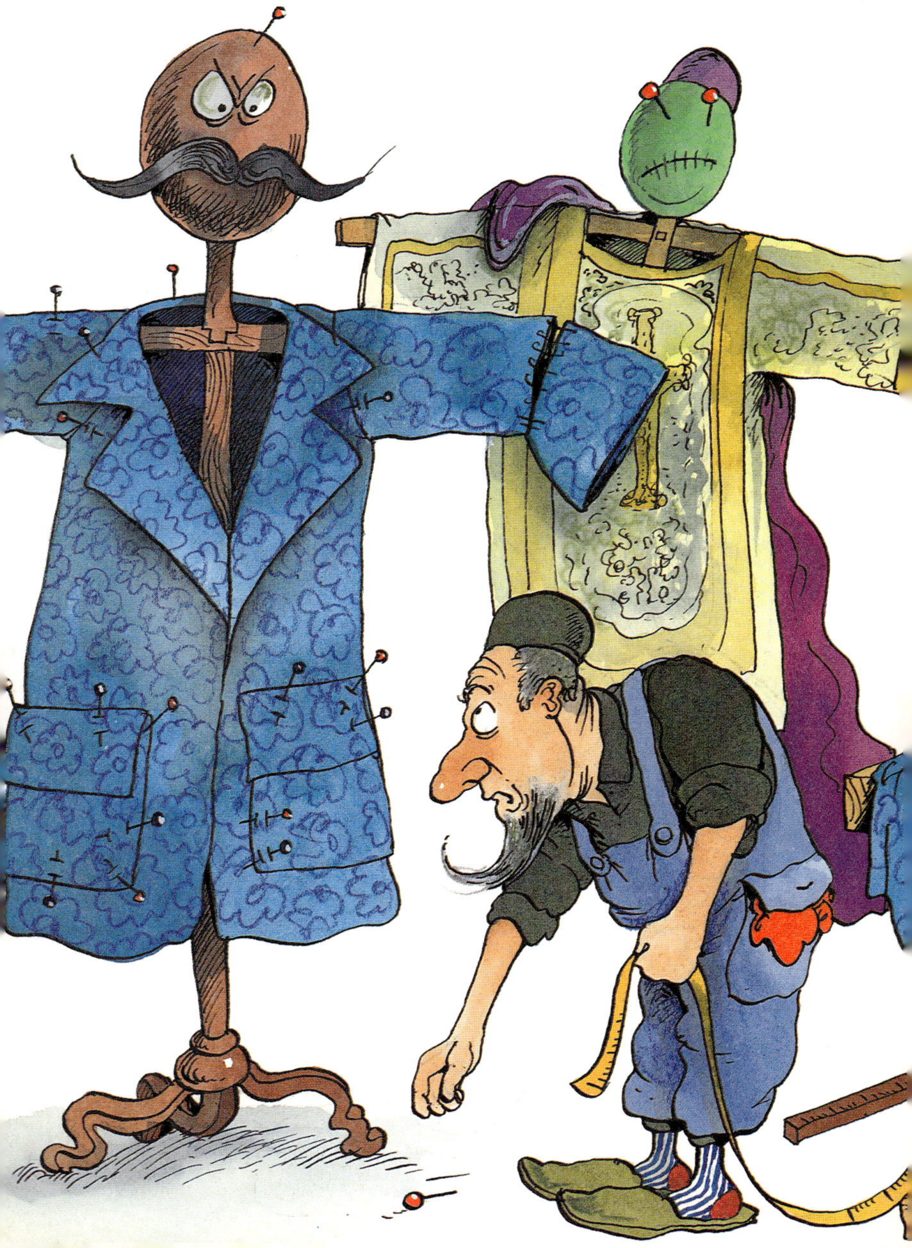

Einst hatt' ein Schneider große Pein:
Der Staatsrock sollte fertig sein;
Warf hin das Zeug und legte sich
Hin auf das Ohr und pflegte sich.

Da schlüpften sie frisch
In den Schneidertisch;
Da schnitten und rückten
Und nähten und stickten,
Und faßten
Und paßten,
Und strichen und guckten
Und zupften und ruckten,

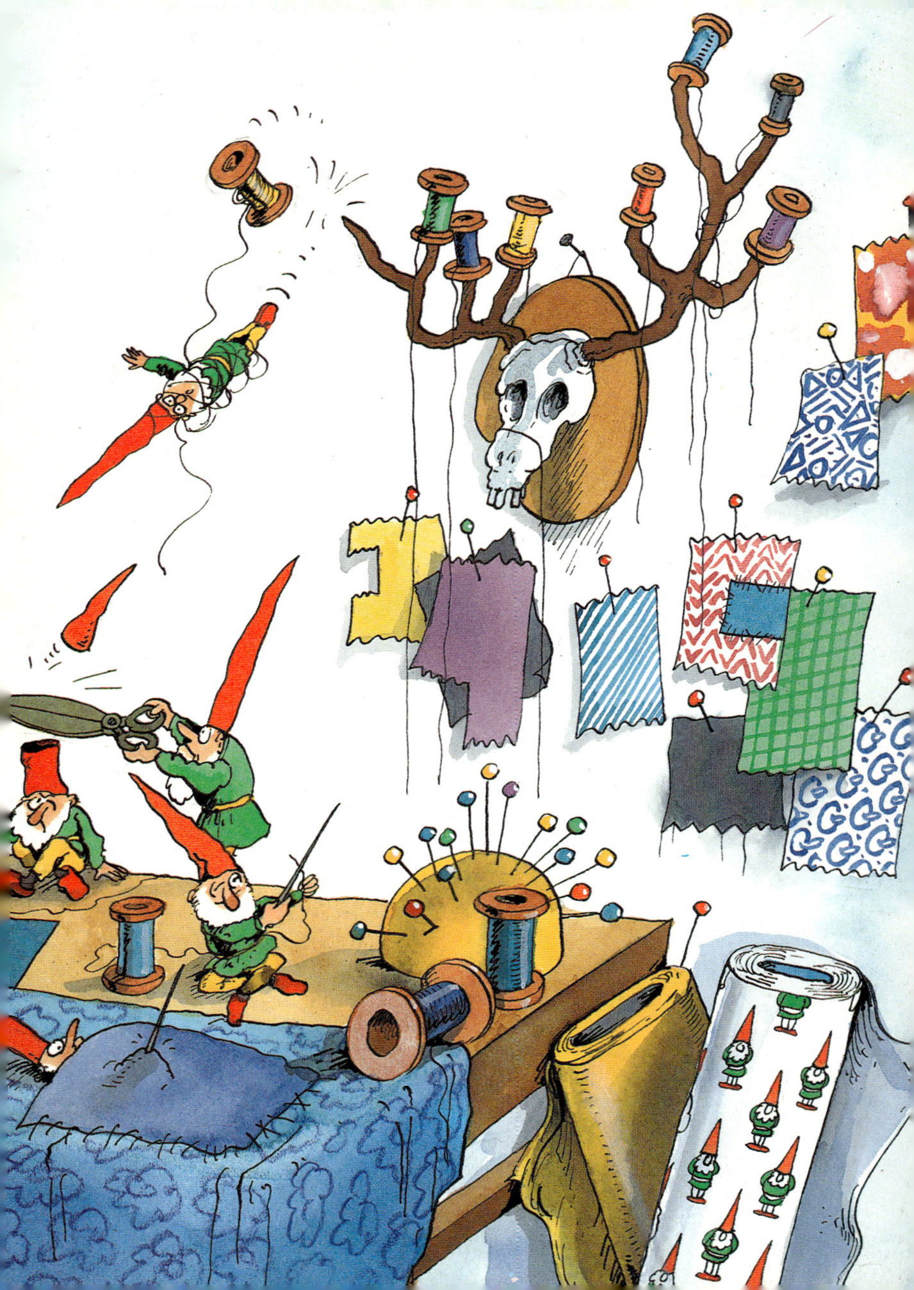

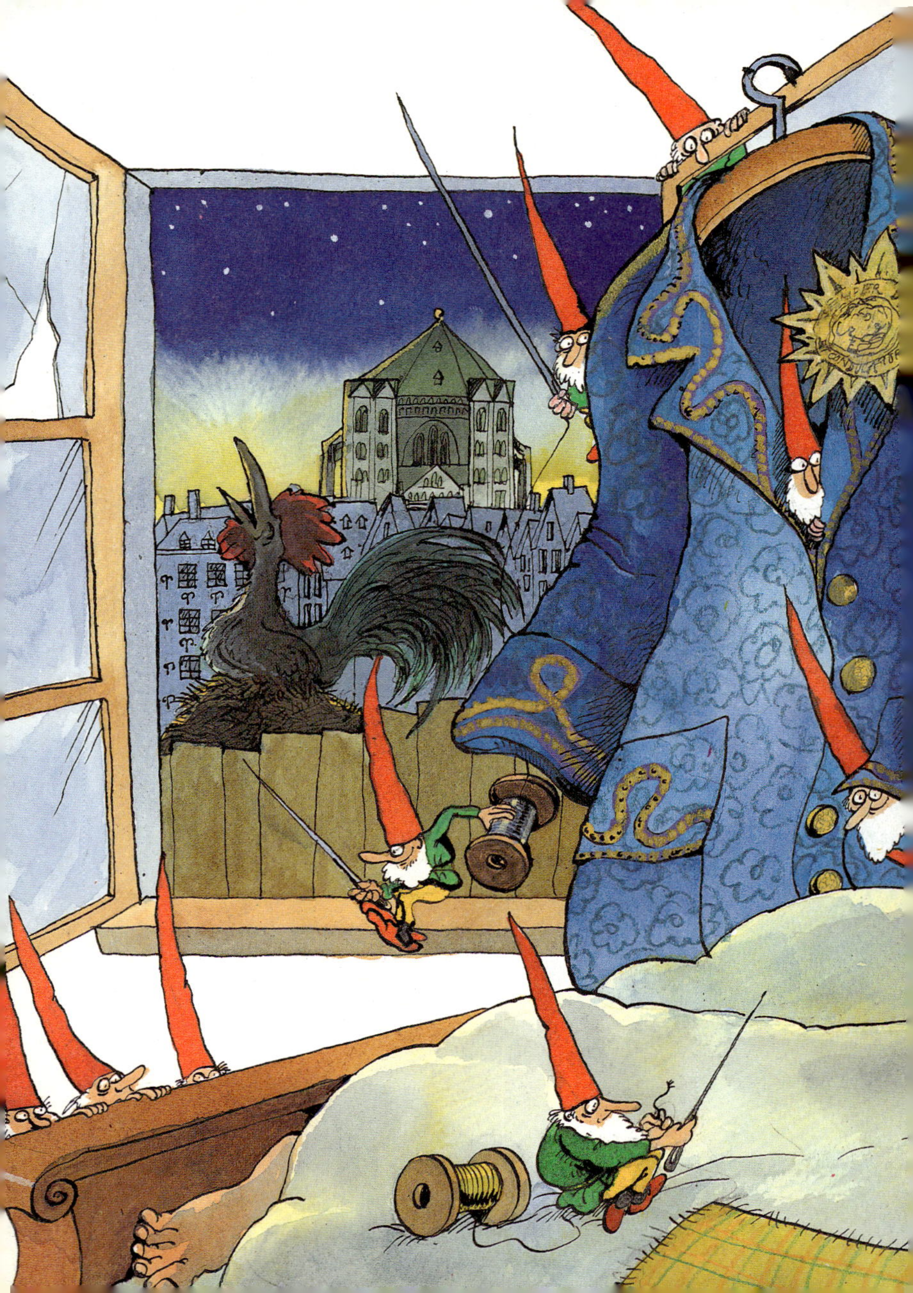

Und eh mein Schneiderlein erwacht:
War Bürgermeisters Rock...
 bereits gemacht!

Neugierig war des Schneiders Weib,
Und macht sich diesen Zeitvertreib:
Streut Erbsen hin die andre Nacht,
Die Heinzelmännchen kommen sacht:

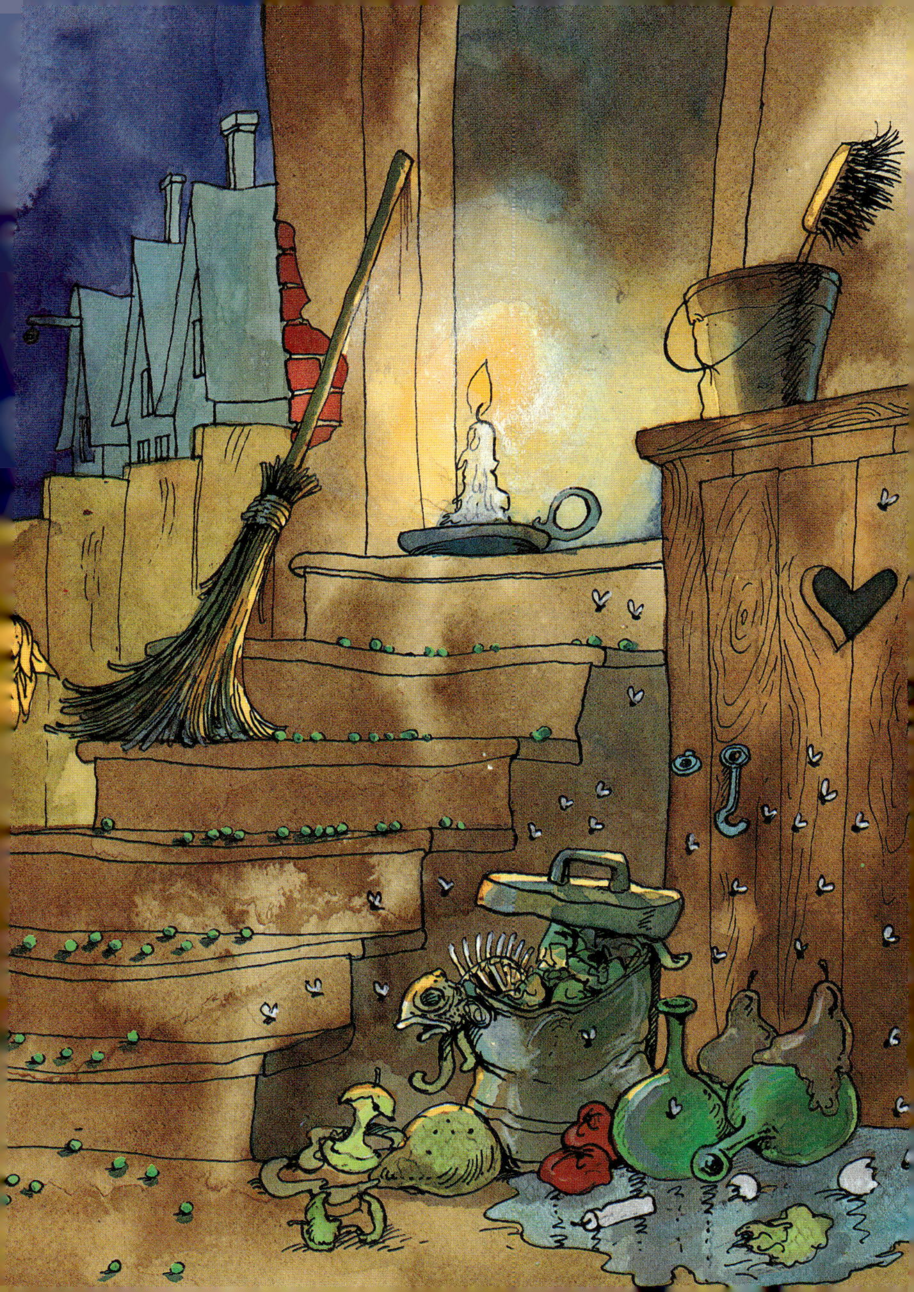

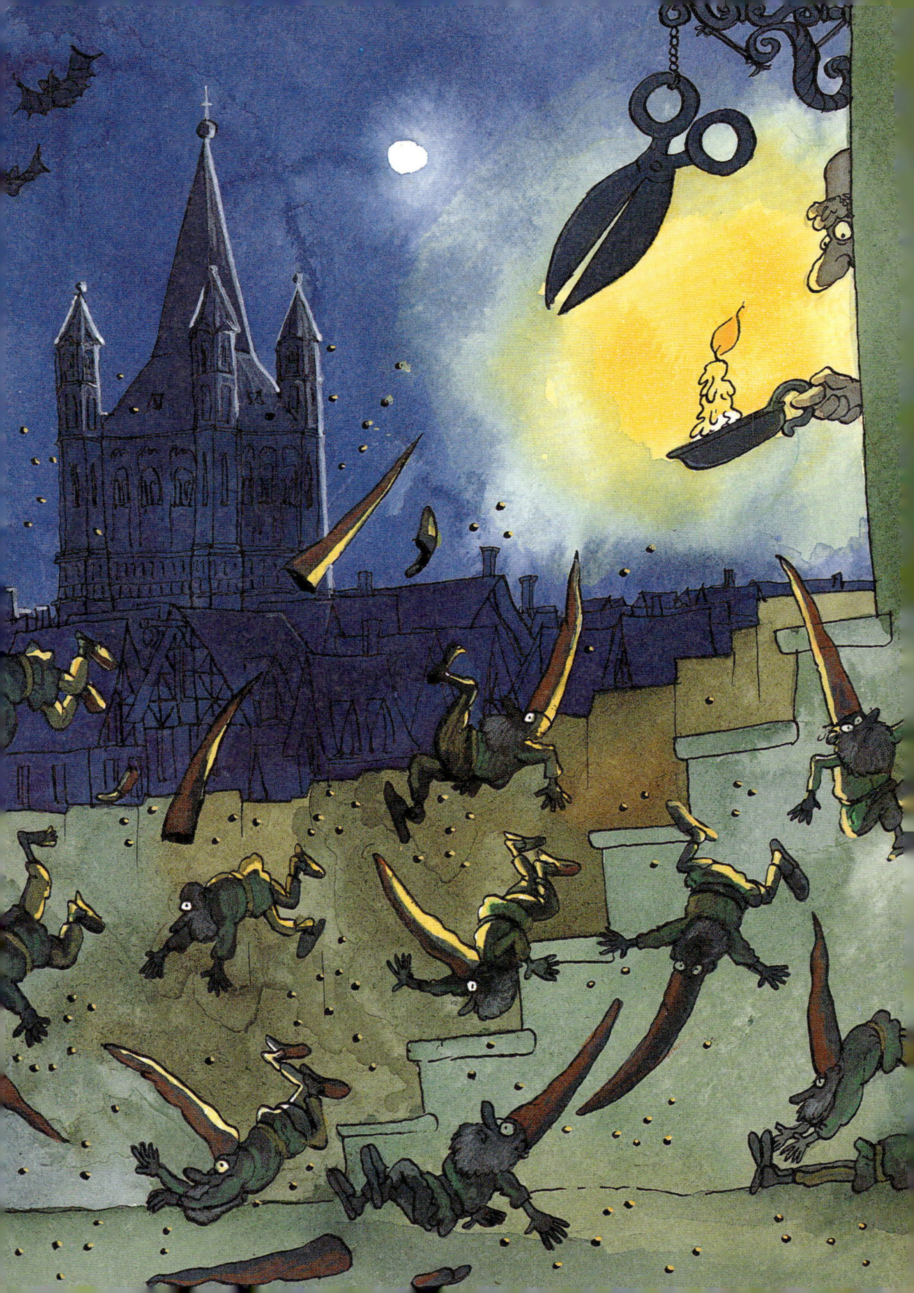

Eins fähret nun aus,
Schlägt hin im Haus,
Die gleiten von Stufen
Und plumpen in Kufen,
Die fallen
Mit Schallen,
Die lärmen und schreien
Und vermaledeien!
Sie springt hinunter auf den Schall
Mit Licht: husch husch husch husch! –
verschwinden all!

O weh! nun sind sie alle fort
Und keines ist mehr hier am Ort!
Man kann nicht mehr wie sonsten ruhn,
Man muß nun alles selber tun!
      Ein jeder muß fein
      Selbst fleißig sein,
Und kratzen und schaben
Und rennen und traben,
      Und schniegeln
      Und biegeln,
Und klopfen und hacken
Und kochen und backen.
Ach, daß es noch wie damals wär!
Doch kommt die schöne Zeit
      nicht wieder her!

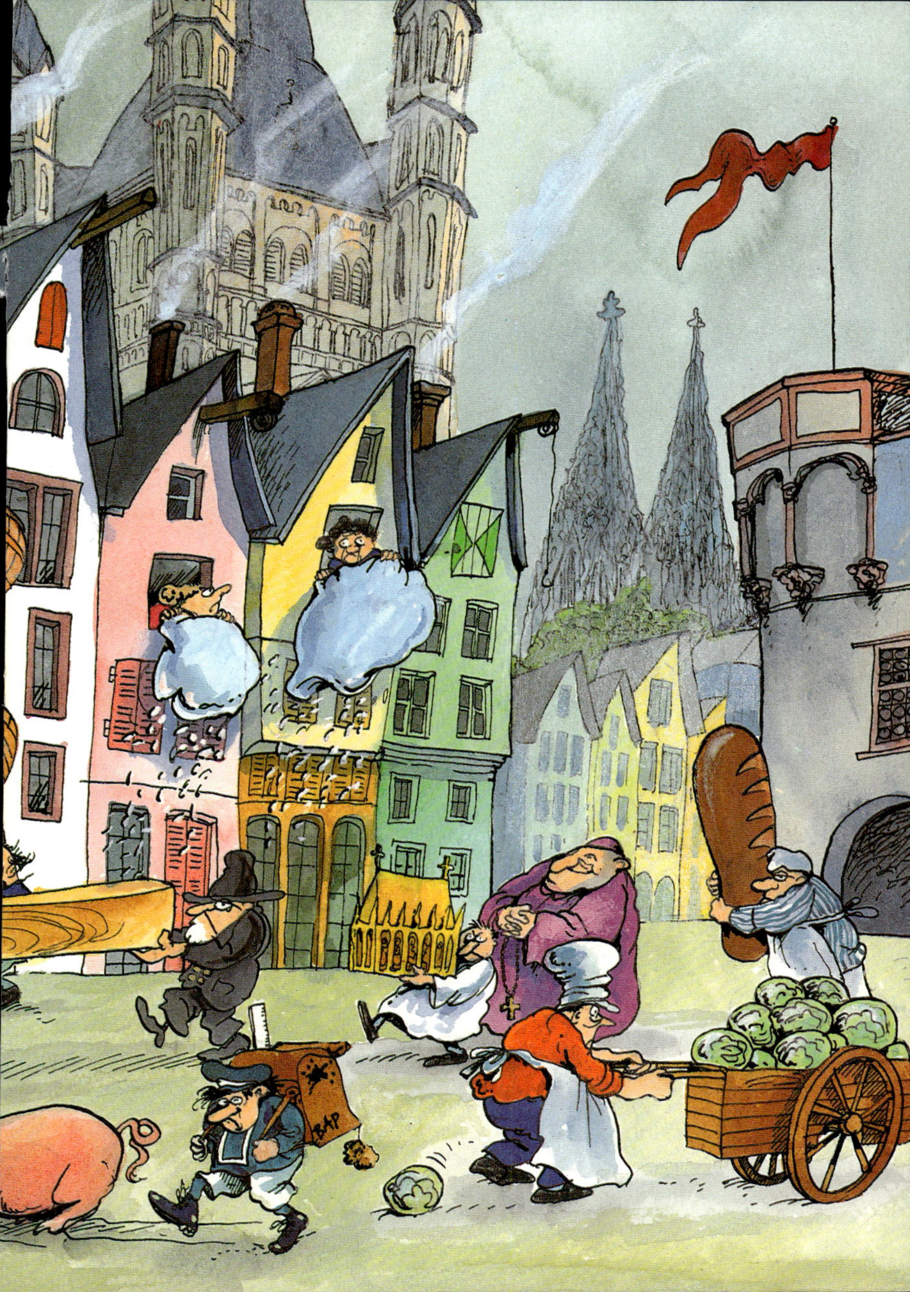
BAP

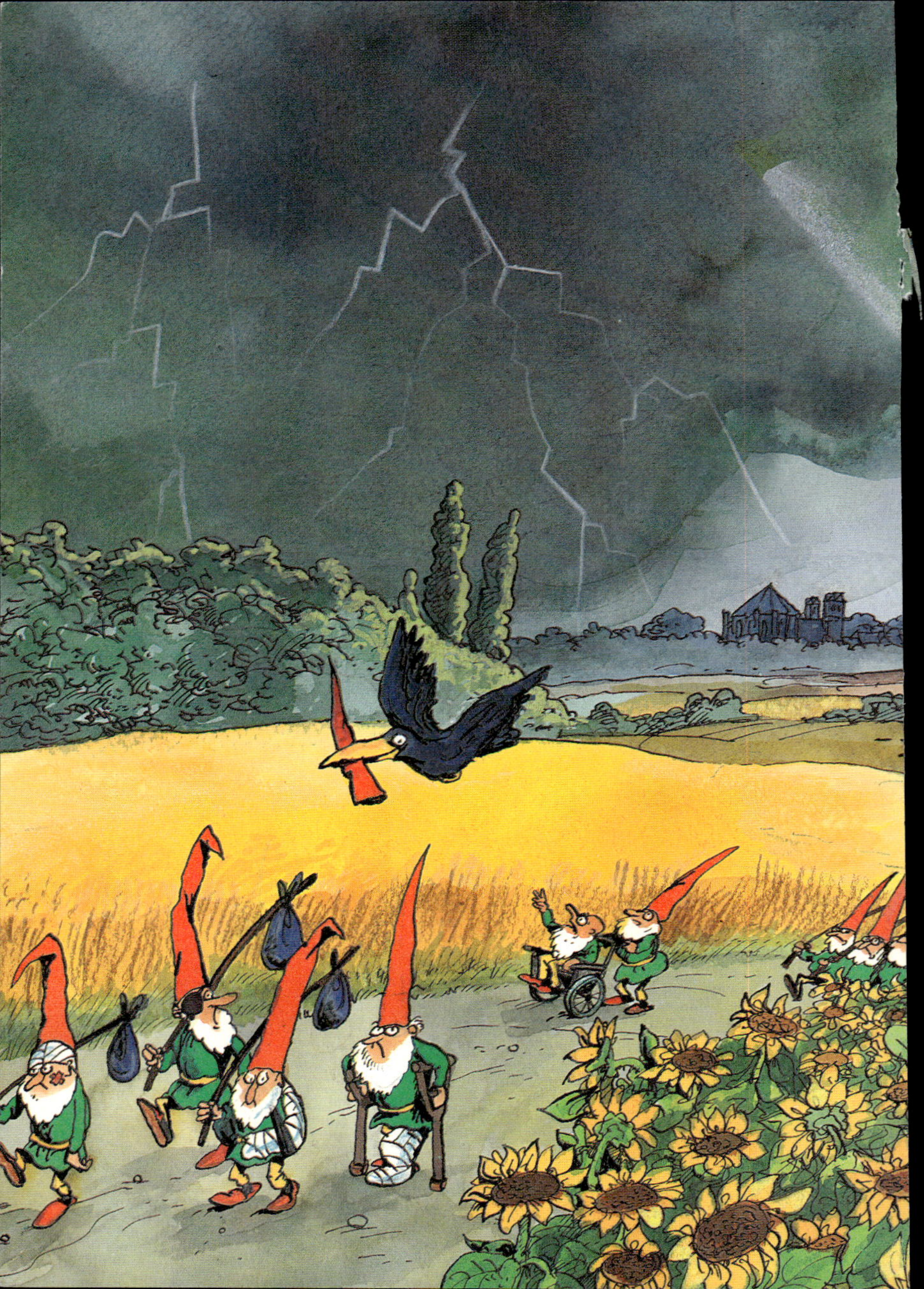

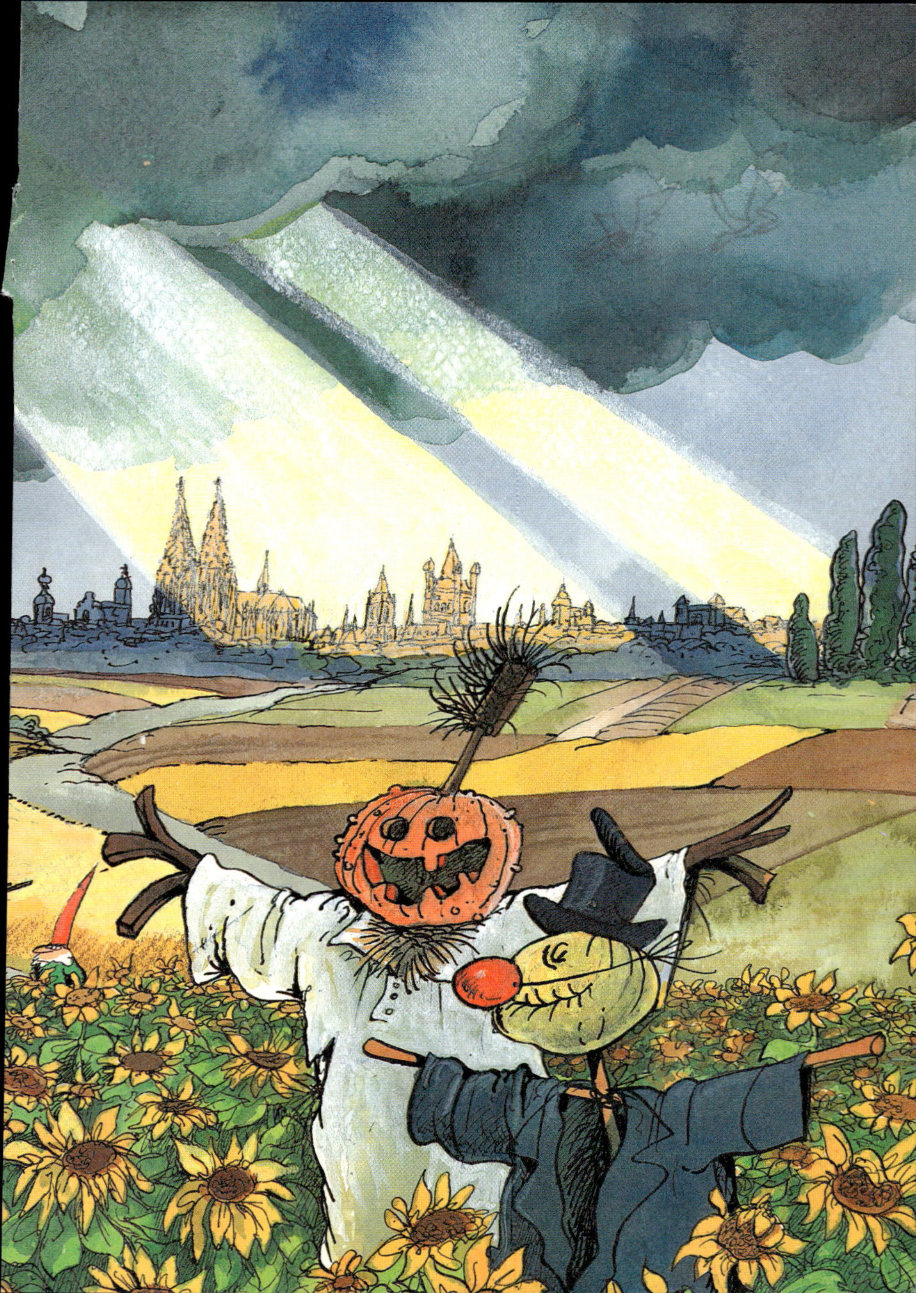

Die Heinzelmännchen und August Kopisch

Die Mainzelmännchen kennt heute jeder. Wer aber kennt schon ihre Väter und Vorbilder, die Heinzelmännchen? Früher, da war das einmal anders, da geisterten diese Zwerglein noch durch die Häuser, neckten Menschen und Vieh oder halfen ihnen, je nachdem, wie sie eben ihre Laune hatten. Viele Sagen erzählen von ihnen und ihrer ganzen Sippe, von den Wichteln, den Kobolden, den Gnomen und wie sie eben heißen mochten. Richtig berühmt wurden sie allerdings erst seit 1836; denn damals schrieb nämlich August Kopisch sein Gedicht »Die Heinzelmännchen«, das bald solche Beliebtheit erlangte, daß es in die Lesebücher aufgenommen wurde, und es gab früher kaum ein Kind, das nicht wenigstens die ersten Zeilen »Wie war zu Köln es doch vordem mit Heinzelmännchen so bequem« auswendig kannte, nicht zuletzt in der Hoffnung, daß sich diese lustigen Helfer auch irgendwann einmal bei ihm einfinden würden. Und wenn die kleinen Kerle auch nicht mehr für Bäcker, Metzger oder Schuster arbeiteten, so doch wenigstens für den Dichter, den sie überall bekannt machten.

August Kopisch stammte aus Schlesien, wo er am 26. Mai 1799 in Breslau geboren wurde. Eigentlich war er Maler, hatte einige Jahre in Italien gelebt und auf der Insel Capri die heute so berühmte »Blaue Grotte« entdeckt, dann war er ein braver Beamter am Hofe des preußischen Königs geworden

– er starb am 3. Februar 1853 in Berlin. Besonders interessierte er sich für Märchen und Sagen, für Geister, Zwerge, Riesen, Feen und Kobolde. Was er da so hörte oder in Büchern fand, verarbeitete er in seinen Gedichten. Kein Wunder, daß es in ihnen an Spukgestalten aller Art und Herkunft nur so wimmelte.

Da ist Ekerken, »das war ein Kobold und ein Wicht, zupft alle bei den Zöpfen«, da sind die Nissen, »Geister sind das, kleine Geister, aller Firlefanze Meister«, da ist der Wassermann »mit grünem Hut und falschem Mut«, aber auch mit grünen Zähnen. Da ist Nix in der Grube, »der ist ein böser Bube«, da kommen die Zwerge aus Pinneberg, keine sehr feinen Gesellen; von ihnen heißt es nämlich bei einer Hochzeitsgesellschaft: »doch zwischen hockt das Geistervolk und flink beginnt das Mausen«. »Viel Wundergeschichten hört man berichten« vom Fegeteufel, von der Roggenmuhme oder von Puk, aber Vorsicht, den »muß man nicht necken, sonst kommt er, dich zu zecken«. Wer hat denn schon von den Oennebänkissen gehört oder von »einem Geist, der Stiefel hieß, war kleinknusprig wie ein Zwerg«? Man fragt sich auch mit dem Dichter, »was mag wohl das Schlafittchen sein, hat's Beinchen oder Flügelein?«

Aber auch köstliche, heute leider ebenfalls weitgehend vergessene Balladen schrieb er. So etwa den »Schneiderjungen von Krippstedt«, der dem Bürgermeister die Zunge herausstreckte und sie zu guter Letzt doch mit Goldstücken belegt bekam, oder »Des Alten Fritz Leibkutscher«, der sich von seinem Herrn und König nichts gefallen ließ und ihn unerschrocken anraunzte.

Kopisch war in seinen Gedichten ein unermüdlicher Erfinder neuer Klangfolgen und Wortbildungen, da knurrt und wispert es, klickt und klackt es, schwirrt und pirrt, und manche Figuren, wie sie uns heute in den Fantasy-Filmen begegnen, hatte er längst schon vorweggenommen und beschrieben. Bekannt geblieben sind merkwürdigerweise nur »Die Heinzelmännchen«, denen wir im Titel den Zusatz »zu Köln« zu geben pflegen und die seit mehr als hundertfünfzig Jahren auch den Bilderbuchkünstlern als Vorlage dienen – sie haben es bis heute schon auf vierzig verschiedene Ausgaben gebracht.

Die 41. Ausgabe dieser Geschichte von den kleinen Geistern wird als insel taschenbuch vorgelegt. Rolf Köhler hat die Illustrationen angefertigt. Und damit endlich wieder einmal der Text in der Originalfassung von August Kopisch vorliegt, folgt der Text dieser Ballade in normalisierter Form der im Jahre 1856 in der Weidemannschen Buchhandlung, Berlin, erschienenen Ausgabe der Gesammelten Werke von August Kopisch.

Heinrich Pleticha

Kinder- und Bilderbücher
im insel taschenbuch

Allerleirauh. Viele schöne Kinderreime versammelt von H. M. Enzensberger. it 115

Monika Beisner: Das Buch der hundert Rätsel. it 2019

Lewis Carroll: Alice hinter den Spiegeln. Mit einundfünfzig Illustrationen von John Tenniel. Übersetzt von Christian Enzensberger. it 97

– Alice im Wunderland. Mit zweiundvierzig Illustrationen von John Tenniel. Übersetzt und mit einem Nachwort von Christian Enzensberger. it 42

– Geschichten mit Knoten. Eine Sammlung mathematischer Rätsel. Herausgegeben und übersetzt von Walter E. Richartz. Mit Illustrationen von Arthur B. Frost. it 302

Carlo Collodi: Pinocchios Abenteuer. Aus dem Italienischen von Heinz Riedt. Zweisprachige Ausgabe. it 1516

Ein Fisch mit Namen Fasch und andere Gedichte und Geschichten von Menschen und anderen Menschen. Zusammengestellt von Elisabeth Borchers. it 222

Robert Gernhardt / Almut Gernhardt: Ein gutes Schwein bleibt nicht allein. 7 Geschichten von Robert Gernhardt und 66 Bilder von Almut Gernhardt. it 2012

– Mit dir sind wir vier. 29 Bilder von Almut Gernhardt mit 28 Geschichten von Robert Gernhardt. it 2003

– Was für ein Tag. Eine Geschichte von Robert Gernhardt. Mit Bildern von Almut Gernhardt. it 544

– Der Weg durch die Wand. 13 abenteuerliche Geschichten von Robert Gernhardt zu Bildern von Almut Gernhardt. it 2010

Das große LALULA und andere Gedichte und Geschichten von morgens bis abends für Kinder. Zusammengestellt von Elisabeth Borchers. it 91

– Die Stadt. Ein Märchen, ins Bild gebracht von Walter Schmögner. it 236

August Kopisch: Die Heinzelmännchen zu Köln. Mit farbigen Illustrationen von Rolf Köhler und einer Nachbemerkung von Heinrich Pleticha. it 2025

Giorgio Manganelli: Pinocchio. Aus dem Italienischen von Marianne Schneider. it 1517

Ernst Penzoldt: Die Reise ins Bücherland und andere Märchen. Erzählt und illustriert von Ernst Penzoldt. it 2026

Das Poesiealbum. Verse zum Auf- und Abschreiben. Mit Bildern und Vignetten. Ausgewählt und zusammengestellt von Elisabeth Borchers. it 414